LINDJA E PERËNDISË SIME

Dritan Kiçi

Copyright © Dritan Kiçi
Brussels, Belgium, 2020
All rights reserved.

RL Books
is part of "Revista Letrare"
www.revistaletrare.com
info@revistaletrare.com

CIP Katalogimi në botim BK Tiranë

Kiçi, Dritan
Lindja e perëndisë sime / Dritan Kiçi
Red. Ornela Musabelliu.
Tiranë : RL Books, 2020
80 f. ; 12.7x20.3 cm.
ISBN 978-9928-324-04-7

1.Letërsia shqipe   2.Poezia

821.18 -1

Design dhe përgatitja për botim: Shqipto.com
Në kapak: Vera e perëndive, instalacion - D. Kiçi
Në kapakun e pasëm: Dritan Kiçi (foto O. Musabelliu)

Ornelës, Eratos sime

Lënda

Lindja e perëndisë sime 1
Në rrugën time jeton një plak 3
Për llafet e botës 4
Në krahët e tu të vdes 6
Shpirti 8
Varret e mia 9
Larg një shtrat 10
Përhumbur 11
Kur më qesh im atë 13
Ca kupa verë me Perëndinë 14
Do ngrihem natën të të zgjoj 17
Ëndrrën ma theve 19
Hëna dhe zoti 20
Kuqur 21
Autobusi im 22
Guri im 23
Vetmia ime 24
Unë dhe ti 25
Trishtimi 26
Trëndafil i dimrit 28
Sytë vetëm për 29
Sirenat 30
Si ëngjëll 31
Nëse 32
Më lër veç dashurinë 33
Larg sa një ëndërr 34
Kafe mbi "Bulevard" 35
Jeto zemra ime 36
Dragoi 37

Dielli dhe hëna 39
Dashuritë e mëdha 40
Vetëfajësim 42
Të vërtetat e dashurisë 43
Shiu 44
Rizgjim 45
Refleks dhimbjeje 46
Ndjekje 47
Nomad 49
Heshtje 50
Vetmi dimri 52
Rruga ime drejt teje 53
Pema e verdhë 54
Mall 55
Kujtesa 56
Zënkë në udhëtim 57
Ode për zemrën time 58
Urim i dhimbshëm 59
Pritje 60
Përulje 61
Në spital 62
Fshehur 63
Frikë 64
Dashuritë e mia 65
Ike 66
A 67
Your happyness 68
Wild cherries 69
The rain 70
Needles in the fog 71
Just stay 72
Dreaming 73

Ornela, (vaj në telajo)

Lindja e perëndisë sime

Zemër, sytë të qeshin kur më sheh
Po ta them shqip atë që zemra do
Me qepalla shpirtin lart ma ngre
Fryma jote dimrin tim e ngroh

Kur të shqiptoj ca fjalë dashurie
E ti më prek me gishtat e përlotur
Ndjej dhimbjen të më ndjekë pas si hije
Veten shoh të vogël, të paplotur

Një puthje më mjafton nga ato buzë
Shqiptuar veç me heshtje e pa fjalë
Nga shpirti im një lule do këpus
Do të ta fal, ta bësh ti vajz' a djalë

Nga barku yt do lindë si perëndia
E ti, nënë e shenjtë do i rrish pranë
Në luftë do kalojnë ditët e mia
Që të pushtoj për ju, botën mbanë

Dhe në s'e bëfsha dot atë që duhet
Do të shqiptoj në lutje veç ca fjalë
Në thënça kot një fjalë që s'thuhet
Nëna e perëndisë do të më falë!

Zemër, sytë të qeshin kur më sheh
Po ta them shqip atë që xhani do
Veç një fjalë shpirtin lart ma ngre
Fryma jote dimrin tim e ngroh

11 mars 2009

Në rrugën time jeton një plak

Në rrugën time jeton një plak. Një plak që ka humbur atë që kish. Atë që kish e s'e mban mend. Mend s'e mban e dot s'e gjen. Se gjen të tjera, të të tjerëve, por jo të vetën. Të vetën që e kish lënë diku; ta gjente prapë një ditë. Një ditë që harroi se ku.

Në rrugën time jeton një plak. Një plak që më ngjan e shpirtin ma lodh. Ma lodh syrin kur e shoh e dorën kur kalon mbi flokë. Mbi flokë gri që më s'i njeh si flokët e tij. Flokët e tij ishin ndryshe; të gjatë, bjondë si krifë! Krifë që s'e bënte përbindësh.

Në rrugën time jeton një plak. Një plak që veten më s'e do. Se do ta donte po ta kish. Ta kish dhe njëherë të bukur si më parë. Parë e fshehur nga sy tinzarë që kanë zili. Zili ka veten me sytë e tij, të një kohe tjetër. Tjetër kohë që s'është tani.

Në rrugën time jeton një plak.

16 prill 2020

Për llafet e botës

Do i kthehem botës me inat,
e do ta shaj me racë e sërë.
Natën do i dal para si lugat,
do hakërrehem t'i tremb të tërë.

Do ta bëj, se ty të shanë,
e mua zemra më zuri.
S'e lë dot pa i dalë mbanë,
do ta bëj, për fjalë burri!

Do më shohësh sa jam trim,
e më shumë do më duash.
Ty të shanë, shanë nderin tim,
po s'e bëra, burrë s'do më quash.

Ç'do mendosh ti vallë, sikur,
botës para mos i dal,
por nga larg t'i bie me gur,
apo më mirë fare ta fal?

Ta fal se botë e shkretë s'të di,
e delir përçart nga zilia,
s'di seç dimë unë e ti,
ndaj edhe flet njerëzia.

Kur e shoh se ti s'mban vesh,
ul kokën e qesh si budallai,
sytë fsheh se mos m'i gjesh,
e do më qeshësh ti pastaj.

Bota të shau e seç u tha,
nga ty deshi të më ndante,
patjetër do ketë qenë shaka,
larg teje s'mundi të më mbante.

1 korrik 2007

Në krahët e tu të vdes

Mbështjellë ty gjumi më zë. Më zë hareja e një ëndrre që vjen. Që vjen nga larg e ty brenda të ka. Të ka të bukur, ashtu siç fle. Ashtu siç fle, me sytë mbyllur që pulit. Që pulit me to edhe zemrën time. Zemrën time që gjumi s'e zë.

Më këput gjumi me aromën tënde. Me aromën tënde, që kur s'e kam më bën të qaj. Të qaj e qesh me ato që them. Që them me vete se goja s'mi nxë. S'mi nxë as shpirti, por mendja m'i thur. M'i thur litar të më varë në mur. Në mur ngulitur sytë përnatë. Përnatë kur gjumi shpirtin s'ma nxë.

Në krahët e tu gjumi më merr. Më merr më çon te perënditë. Te perënditë, që si ti, bëjnë mrekulli. Mrekulli që më ngopin zemrën me hare e lot. E lot zemra ime me ato që dëgjon nga ti. Nga ti që sjell në shtrat ato që më mungojnë. Që më mungojnë se dua ti t'i kesh. T'i kesh e t'i mbash për mua, kur në krahët e tu të vdes.

1 tetor 2020

Rilindje

Lëngo në shtrat, o shpresë që shuhesh,
rënko në heshtje e prit të vdesësh.
Nuk ka rëndësi që botës t'ia thuash,
me dhimbjen tënde bën mirë të qeshësh.

Dorën mbi gjoks vendos e prit,
të fundmin trok të zemrës së thyer.
Qirinjtë e ndezur ngri dorën e fik,
se drita e tyre është pis, e përlyer.

Mos prit me ankth botën të fiket,
por lutju zotit të të falë mençurinë.
Të pranosh atë që ndoshta s'thuhet,
në fund të flesh me përjetësinë.

Se kur ty gjumi të të ketë zënë,
do zgjohem unë atëherë, i ri.
Me gaz do pres që hëna e ngrënë,
të ikë e një shpresë e re të gdhijë.

Tiranë, 14 dhjetor 2008

Shpirti

Përgjon shpirti im pasthirrmat e botës,
në dritare zgjatet të shohë pak jashtë,
numëron çdo natë tik-takun e kohës.
Qan! Me tjetër shpirt s'u bë dot bashkë.

Dorën e zgjat drejt hënës së ngrënë,
në gremçin e saj ka varur mërzinë,
fshehur ka atje një sekret të panxënë,
që e bën të ikë, të marrë arratinë.

Më lë këtu, çdo natë, të pafrymë,
rri pres që zemra të më rrahë prapë,
në mjegull të ëndrrës veçmas hyjmë,
veç lotët në mëngjes na bëjnë bashkë.

20 shtator 2013

Varret e mia

Varret e mia! Mbledhur tufa-tufa, si lule të thara, ruajtur në kujtim të aromës që na bënte të ndiheshim mirë.

Varret e mia! Copa të grisura nga fotografia e një dasme që s'mundëm ta shijojmë, se hatri na mbeti për vendin ku na ulën; ikëm papritur e pas na ndoqën veç pendimet.

Varret e mia! Kasaforta të pathyeshme të kujtimeve më të bukura, që më bëjnë të qaj se s'i hap dot të nxjerr dashuritë që mbajnë brenda.

Varret e mia! Gurëzuar në porcelan, me buzëqeshje që më bëjnë të shkrehem në vaj; të shtrihem në tokën e butë e të lutem veç për një çast, një prekje, një përkëdhelje, një fjalë.

Varret e mia! Me emra që më ndjellin gaz e mjerim, mrekullim e dhimbje, ëndrra e tmerr. Baba i dashur, nëno e ëmbël, xhaxha, hallë, vëlla, shok…

5 korrik 2020

Larg një shtrat

Ku isha mbrëmë që s'të kisha,
frymën tënde pse s'e ndjeva?
Ç'kisha mbrëmë që aty s'isha
e që heshtjen dot s'e theva?

Ku ishe ti që mbrëmë s'më kishe?
Unë të preka e ti s'më ndjeve.
Ç'kishe ti që aty s'ishe
e që puthjen dot s'ma ktheve?

Ku ishim vallë e vallë ç'kishim;
në një shtrat e prapë s'u ndjemë,
ç'kishim vallë që pranë nuk ishim
dhe pse pranë ramë të flemë?

1 korrik 2007

Përhumbur

Më ngri nga pluhuri ku kam rënë
Më laj me lot, më thaj me flokë
Merrma fjalën ku e kam lënë
Më vidh, merri e më lër trokë

Në prapë të rëntë rruga nga unë
Në më pafsh një tjetër ditë
Mbyllmi sytë të bie në gjumë
Në ëndërr të harroj mëritë

S'ia vlen, jo, t'i mbash ndër mend
S'ia thua dot kurrkujt asgjënë
Tregomë, të fle, një tjetër vend
Me diellin shtrat, me jastëk hënën

15 shkurt 2013

Im atë, Asllan Kiçi (grafit)

Kur më qesh im atë

Mbrëmë ndjeva tim atë
në buzëqeshjen time.
Njësoj siç e ndjej kur
eci me shpinën kërrusur;
në trishtimin që më kap
kur fëmijët më kthejnë fjalë.
Siç e shoh në pasqyrë
kur krihem e rruhem.
Mbrëmë ndjeva babanë
të buzëqeshte
përmes syve të mi.
Siç buzëqeshte kur
kafenë pinim bashkë,
kur për drekë
pinim një gotë raki.

11 shtator 2019

Ca kupa verë me Perëndinë

Ndizma zjarrin me një gotë verë,
që hi të bëhen ëndrrat e mia,
mos të mendoj më për të tjerë,
të mësoj ç'është marrëzia.

Derdhe! Mbushe kupën plot!
Dhe dheu i shkretë të pijë pak.
Dua të ndihem gjallë sot,
se e nesërmja është shumë larg.

Se kush e di ç'sjell perëndia,
mes ëndrrash të vërtetën fsheh.
Shpesh s'dinë ta shohin njerëzia,
si i çmenduri që veten s'e njeh.

Një gotë verë të kuqe - gjak,
që gishtat kuq t'i bën me bojë,
të shtyn me gllënjka pak nga pak,
jetën ta luash njësoj si lojë.

Përplase kupën mbi tavolinë
e thirr: vrap, më sillni verë!
Se po s'e njome me të mërzinë,
shpejt e kupton se je në ferr.

Verën e ëmbël me lot të kripur,
do ta përziej, pastaj do pi,
sepse e njoh se sa e hidhur,
është gjithçka që unë sot di.

Kur kupat rresht të vijnë qark,
kurorë e bukur në vallëzim,
do nisë të dalë pak nga pak,
thika e ngulur në shpirtin tim.

Do t'i kthehem kujt të kem pranë:
një kupë me mua a do ta pish?
Sot unë e ti t'i lëmë mënjanë,
se kush na ishte e atje ç'ish!

E në mos dashtë, më mirë do jetë,
dy kupa verë do kem për vete.
Të parën me fund do ta pi shpejt,
me të dytën do flas në heshtje.

Do ta pyes: pse perëndia,
të bëri Verë e jo diç tjetër?
Ndoshta e dinte që mendtë e mia,
maten me verë e jo me metër.

Një tjetër kupë! Buza m'u tha,
e fjalët e perëndisë m'u shuan.
Mbush nga një gotë dhe për ata,
që gjakun e Krishtit nuk e duan.

E në s'e pifshin prapë s'ka gjë,
më shumë verë do kem për vete.
Gotat rresht, një e nga një,
nga një burim, që sjell veç etje.

Verë! Verë! E ëmbla Verë!
Shuaj sot ti brengat e mia.
Kur ty s'të kam e kam të tjerë,
larg ndjehem nga perëndia.

Kupën tënde ndaj lart e ngre,
i etur nga qielli pranë të më vijë.
Të qeshim bashkë pastaj të tre:
Unë, Perëndia dhe Vera e tij.

Tiranë, 15 gusht 2009

Do ngrihem natën të të zgjoj

Do ngrihem natën të të zgjoj, mike
Trëndafilin që mban fshehur të ta prek
Lëndinën të ta ndaj shtigje-shtigje
Gjer sa ta gjej të errëtin shteg

Në burim, kur ëndrrat të të shpien
Do më gjesh, tek lag buzën e tharë
Kodrat, atje lart do ndjesh të ngrihen
Nektari mbi çarçaf rrugën do marrë

Me mendje do më pyesësh: ku po shkon?
Por goja s'do ta thotë të shkretën fjalë
Diku, jashtë, larg, një buçe që rënkon
Do të t'bëjë të ndihesh e përdalë

Ky mendim i mendjes pa mendime
Do ta lodhë shpirtin pa mbarim
Këmbët do shtrëngosh rreth qafës sime
Si për të thënë ik-hajde, o tundim

Rënkimi do sjellë fjalët që s'thuhen
Do t'i them unë, ato që ti s'i thua
Do duash shumë, do bësh ato që duhen
E unë do bëj ç'ka s'duhet, se unë dua

Trokun e kalit tim kur të dëgjosh
Do kuptosh se rruga s'është e gjatë
Dhimbjen kur ëmbël ta provosh
Do të ta bëjë qull gojën e thatë

Në fund fare shpirti do të qeshë
Do ndjehesh mirë, e bukur, si lavire
Fryma jote do më pëshpërisë në vesh
"U kënaqe zemër? Tani, natën e mirë!"

Tiranë, 22 tetor 2006

Ëndrrën ma theve

Kur bota ka rënë e gjumi e ka zënë
Një zëth pëshpërin me frikë
Në natën me hënë, me hënën e ngrënë
Më thotë: afromu një çikë!

Më afër se ç'jam, të shkoj më nuk kam
Moj mike me sy të praruar
Afruar tamam, kaluar siç jam
Të kënaq ky shtrat i uruar!

Me turpin që ke e fjalët që the
Mendova se keq ti u ndjeve
Por jorganin përdhe, ngrihesh e ngre
E pashpirt! Ëndrrën ma theve!

Pranverë, 2007

Hëna dhe zoti

Kur qan një zot
e derdh lot,
bën ëndrrat mbi gur të mbijnë.
Hënës së plotë,
nuk i qahet kot,
se tek ajo gjen veç largësinë.

Siç është e bukur,
rrallë është dukur,
se ajo që sheh s'është vërtetë.
Në ëndrra është futur,
në qiell strukur,
sa s'ka e bukur, por e pajetë.

Ty perëndi,
që të tëra i di,
Hëna, si ne të ka gënjyer.
Të ishe njeri,
si unë, edhe ti,
zemrën do ta kishte shqyer.

Qershor 2010

Kuqur

Buzët t'i puth kur rënkon shpirti,
se mëndafsh' i tyre mban brengën time,
t'i puth ashtu siç puth prifti
e zotit i flet me përgjërime.

Nektarin e kuq gëlltis me ndroje,
si e para herë të ish për mua,
po të mundje do të më thoje:
pije se veç këtë dua!

Skuqet goja e skuqet shpirti,
e dhimbja nis bën të më lerë,
tani e di pse lutet prifti;
qan për një tjetër kupë verë!

5 mars, 2012

Autobusi im

Autobusi i fundit u nis tri orë më parë,
ulur, në stacionin e pashënuar, pres.
Dikush vjen, më sheh, ikën ngadalë,
në stolin e ftohtë pres gjer në mëngjes.

Autobusi i radhës ka një vend për mua,
shënjuar me laps; edhe mund ta fshish!
Makinat rrjedhin pranë si përrua,
s'i ngjajnë autobusit tim, sigurisht.

Ndriçon neon i ftohtë në tejësi,
mëngjesit i bën garë deri sa fiket.
Lexoj pa kuptuar se ç'thonë, se si,
autobus s'ka më, por nuk më iket.

Autobusi i fundit iku orë më parë.
Në një stacion diku rri e pres.
Me thonj të ftohtin stol kam vrarë.
Akulli më mban zgjuar gjer në mëngjes.

17 nëntor 2013

Guri im

Gdhende gurin tënd, vëlla,
mos shiko gurët e tjerë.
Latoje heshtur, ngadalë,
nga dora mos e lër të bjerë.

Nëse muri drejt nuk vjen,
mos kërko faje të tjera.
Me siguri është gdhendja jote,
më e dobta, më e mjera.

Tiranë, 8 mars 2014

Vetmia ime

Vrapo, endu vetmia ime!
Sillma asgjënë kur ta gjesh.
Mbaje për vete lumturinë,
se më rri ngushtë, dot s'e vesh.

Më ul, më shtyp, fundin të prek,
vajin ta mbys në llum dëshire,
afër meje po u hap një shteg,
nuk do ta marr, nga ti s'më iket.

Më lodh, më mpak vetmi e ëmbël,
me një gotë verë sytë m'i vish.
Gjithë çfarë shoh është veç ëndërr,
se atë që dua ti s'mund ta dish.

13 qershor 2013

Unë dhe ti

Ti,
je gjysma e vogël.
Unë,
i paku që ka shumicën.

Dashuria!
Rënkim i vjedhur nga legjendat.
Një shpirt i ndarë më dysh,
bërë dyfish.

Ne,
në garë,
për të thënë të njëjtat fjalë.
Në pritje,
për të mbaruar të njëjtat përkëdhelje.

Jashtë,
bota vazhdon rrëfimin.
Brenda
heshtje,
fjalët nuk duhen.

Unë dhe Ti,
kryefjalë dhe kallëzues,
në më të bukurën fjali.

Tiranë, 16 shtator 2009

Trishtimi

Kur zjarri i rrëmbimit është qetësuar
dhe flakët e ngazëllimit janë tulatur,
kur lumenjtë e gjakut kanë rimarrë rrjedhën
e tyre
dhe bulëzat e djersës kanë nxjerrë mbi
lëkurë gëzimin,
vjen trishtimi.
I ëmbli trishtim!

Kambanat e botës ndihen diku larg,
përtej horizontit të mendimit,
aty ku syri sheh vetëm hije
dhe hijet përzihen me siluetën e botës.
Lëkura lëshohet dhe muskujt e tendosur
gjejnë qetësinë e harruar mes hapash të
zhurmshëm.
Trishtim!
I ëmbli trishtim!

Perëndim i diellit të delirit
dhe ndezje e kandilit që nuk ndriçon.
Trishtim!
I ëmbli trishtim!

Përkëdhelje e ëmbël e asaj që pas ke lënë,
diku atje, në mes të diçkaje,
e që tani nuk ka më rëndësi.
Trishtim!
I ëmbli trishtim!

Pëshpëritje e asaj që ishe
e që më nuk do të jesh!
Trishtim!
I ëmbli trishtim!

Esencë e ëmbël e jetës pa trup,
pa dhimbje,
pa ftohtë e ngrohtë,
pa lart e pa poshtë!

I ëmbli trishtim!

Trëndafil i dimrit

Në kopshtin tim,
është veç një trëndafil.
Një trëndafil i kuq dimri,
që i pëlqen stuhia
e me borën gëzon.
Në kopshtin tim,
bora mbulon tokën e plasaritur,
nga kujtimi i luleve,
që dikur ngazëllenin qiellin e verës.
Në kopshtin tim,
shatërvani është tharë
dhe burimi ka aq ujë,
sa mjafton veç për një lule.
Në kopshtin tim,
ka vend për plot lule të tjera.
Por, mbi dëborën e dimrit,
lulëzon veç ai trëndafil
...i kopshtit tim.

9 qershor 2013

Sytë vetëm për...

Sonte
sytë e tu
nuk janë më
vetëm për pikturën e vjetër
varur në murin e gjithësisë tënde.
Sonte
ca ngjyra të reja
forma
grimca shikimi të vjedhura
të çojnë në një tjetër ëndërr
të mbështjellë me një kornizë
më të bukur.
Nesër
dy sy të tjerë
do ngulen
mbi ngjyrat e vrara nga koha
mbi telajon e vjetër
që ndoshta
varur do të jetë
në një gjithësi tjetër.

1 qershor 2010

Sirenat

Në direk veten kam lidhur
Përreth të tjerët, strukur, mënjanë,
shohin me frikë përtej anijes,
me dyllë në vesh s'dëgjojnë ç'janë.

Veç unë e di ç'thonë dëshirat,
se i kam prekur, i kam ndjerë,
ëndërrat kam vrarë me buz't e tyre,
fshehur kur bota kish rënë të flerë.

Se zemra do atë që s'thuhet,
dora kërkon çfarë nuk sheh dot,
shpirti nën botën si gur mulliri,
bluhet e bluhet, rënkon më kot.

Sirenat-dëshira këndojnë nga larg,
syri qan ç'u mungon syve,
ditët vdesin, bota i mpak,
në mendje ngelet veç ëndrra e tyre.

Tiranë, 16 shkurt 2012

Si ëngjëll

Të shoh zemra ime tek fle,
si të jem aty, pak hapa larg,
mërmëritjet e natës t'i ndjej,
fryma jote syzet m'i lag.

Si shpirt vij vërdallë në dhomë,
lutem në shtrat të të ndjek,
i mallkuar engjëll që mund të t'shohë,
por që parajsa s'e lë të të prekë.

Saint Louis, 2013

Nëse

Nëse nata do kish sy,
hiret e tua do kish parë,
do bëhej keq që ne të dy,
një shtrat kemi ndarë.

Nëse shtrati do kish duar,
e me ëndje të t'prekte trupin,
do bëhej keq që buzë s'kish,
e vetëm unë ta puth turpin.

E nëse turpi s'do kish cipë,
do rrëfente epshet e mia,
unë në faj do mbyllja sytë,
natën, në ëndërr prapë t'i shihja.

12 shkurt 2017

Më lër veç dashurinë

Më lër veç sonte buzëqeshjen tënde,
në mëngjes pastaj dhe timen merr.
Më ngjit mbi buzë një pjesëz zemre,
ta përkëdhel natën në terr.

Më lër veç sonte të të kreh flokët,
të të puth buzët, pastaj fli.
Kur të ikësh në agimin e ftohët,
merri të gjitha ato që di.

Merri të gjitha ç'kam unë,
veç pakëz dashuri më ler,
do ta mbaj fshehur mos më humbë.
kur të kthehesh, për ty do ta nxjerr.

Pogradec, maj 1988

Larg sa një ëndërr

Fle, o zemër, tani që është natë?
A jam dhe unë në ëndrrat që sheh?
Mos u tremb nëse larg ndjen të qarë,
vajton veç zemra ime, aty ku e le.

Kur dielli të lindë e ëndrrat të veniten,
kërko fytyrën time mes turmës mos e gjen,
se nuk është habi që këmbët mos më binden
e rrugën të marrin për andej nga drita vjen.

Edhe po s'më pe, mos m'u mërzit!
Kushedi ku këmbët më kanë shpënë!
Mes ëndrrash, natën, zemër prit,
do të rrëfej ku gjithë ditën kam qenë.

14 dhjetor 2011

Kafe mbi "Bulevard"

Vetmi e ardhur nga larg,
e hidhur,
e blerë për ëmbëlsi.
Kafe mbi mendime,
parkuar ngushtë si makinat,
të palëvizshme,
blerë për shtegtim.
Kafe mbi zyrën tënde,
dritare mbyllur në mallim,
mes njëzet hapash,
varet humnera e shpirtit tim.
Kafe me wireless
Zgjim...
...mbi një tryezë fajesh.

Tiranë , 18 shkurt 2013

Jeto zemra ime

Jeto zemra ime!
Jeta është një shaka pa shije.
Në muzgun e ekzistencës,
dielli qesh me ne!
"Të mjerët!
Nuk e dinë që unë,
do jem përsëri këtu,
në këtë copë qiell".

Jeto zemra ime!
Dielli tall natën
dhe brenda saj,
jemi ne!

Jeto zemra ime!
Një puthja jote,
mbi këdo,
do ketë shijen time.
Fryma ime
do të jetë
brenda buzëve të tua,
tingulli i një rënkimi.

Jeto zemra ime!

2 nëntor 2010

Dragoi

Dragua jam,
mbi shpatulla
më kalëron Zoti.

Hap krahët, ndjej erën,
ajri lart më ngre, fort,
atje ku dhe Zoti nuk shkon dot.

Nuk kthehem mbi tokë,
se njerëzit kanë frikë,
nga flaka ime që përzhit.

Lodhur, rrah krahët,
e ndjen kalorësi im,
në sy më sjell një vegim.

"Na ishte një herë,
një bishë në parajsë,
krijuar, tmerrin të ngasë".

Përmendem.

Tri herë rrah krahët,
shtatë ditë fluturim,
nëntë male kalon vrulli im.

Dhe pse i lodhur,
i etur, i mpirë,
këtu lart, tani, jam i lirë.

Askush s'më rri pranë,
por vetëm nuk jam,
se zjarrin brenda kam.

Jam dragua,
vij nga legjendat,
që ju, njerëz, të harroni brengat.

Shtator 2011

Dielli dhe hëna

Mirëmëngjes, zemra ime!
Si dielli dhe hëna,
në kohë të ndryshme dalim.
Natën e mirë, shpirt!
Qielli im tani ka yje,
nga larg përhumbjen ma falin.

Takat e tua tek rrahin botën,
do i ndjej nga larg,
rrugës së ëndrrës sime.
Nuk më zgjon, jo!
Mos ec ngadalë,
që unë të fle.
Shëtit zemra ime!

Saint Louis, 28 shtator 2013

Dashuritë e mëdha

Dashuritë e mëdha,
kupa kristali,
të bukura, të madhërishme.
Me shkëlqim verbues.
Me tingëllim të ëmbël.
Lëmuar si mëndafsh.
Të shtrenjta deri në luks.
Të epshta deri në ekstazë.

Dashuritë e mëdha,
vrasëse të çdo dashurie tjetër.
Me thikë në dorë,
enden rrugëve,
xheloze, të pashpirta.

Dashuritë e mëdha,
kanë frikë nga ëndrrat.
Lulet i duan veç për vete,
si kopshte mes shkretëtirës.

Dashuritë e mëdha,
i flasin botës nga larg,
për madhështinë,
e zemrës mbyllur në kafaz.

Dashuritë e mëdha,
ëndrra që s'të lënë të zgjohesh,
me premtimin e përjetësisë.

Saint Louis, 18 mars 2012

Vetëfajësim

Je lodhur me mua.
E di. E ndjej!
Më rri larg kur të kam pranë.
Je e vetmja ëndërr,
                    që natën ma mbush.
Kur nuk je, gjumë nuk kam.
Po të lëndova, ma thuaj!
Do iki, të lë të qeshësh prapë.
Do fshihem!
Larg teje do vuaj.

16 nëntor 2001

Të vërtetat e dashurisë

Dashuria ime!
Mes katër rrugësh,
e ndarë në katër stinë.

Dashuri e brishtë!
Ushqyer me lotët e mi,
një zambak në shkretëtirë.

Dashuri e pashpirt!
Se shpirtin ta mori xhelozia.

Dashuri e pagjumë!
Që rri larg ëndrrave të mia.

Dashuria ime!
Një vegim i trishtë mes vetmisë.

Dashuri sublime!
Perëndi e pashpirt e përjetësisë.

Unë!
Një aktor i keq, që luan vetveten.
Ti!
E vetmja që për mua di të vërtetën.

Shiu

Pritja
varur
si një dorë e thyer
mërmërit.
Pikat i numëron
shiut që rënkon
mbi çati.
Neonët
lagur nga trishtimi
dikë presin
t'i fikë.
Si kërpudha
rendin kalimtarët
mes shiut.
Prit!

8 mars 2012

Rizgjim

Vegime hareje
harlisen
rrugëve.
Dielli
pikon
mbi tjegulla.
Çatitë rënkojnë
e shtriqen
përgjumur.
Ca sy
të plakur
rendin
vitheve
të botës
që zgjohet
e bën tualetin
me petale.

9 mars 2012

Refleks dhimbjeje

Hëna s'ka zë,
por e këndon,
këngën që dije ti.
Tingujt heshtur,
lodrojnë e vrapojnë,
thyhen mbi gishtat e mi.

Si pellgjet në vjeshtë,
lotët s'u thanë.
Akull shndërruar.
Gjethet nga pemët ranë.
Braktisur, harruar.

Ku shkove? S'e di!
Ku je, pse s'ma thua?!
Dimrin s'durove.
U tret qiriu yt.
Flaka iu shua,
ndaj hënën
prapë kërkova.

Pogradec, gusht 1988

Ndjekje

Do ikësh e dashur?
Ik! Kështu e ka jeta!
Në errësirë dashuria ime t'u bëftë dritë,
për mua mos prano mendime të errëta.

Oh jo! Do të vij me vrap pas teje,
do bëj sikur harroj se dhimbja ç'ish.
Do puthemi prapë nën një strehë,
unë, ti dhe hëna, si zakonisht.

1989

Autoportret, 1984 (grafit)

Nomad

Diku në shkretëtirë,
më endet shpirti.
Petkun,
ma tall akrepi.
Lëkurën,
nuk ma sheh dielli.
Mes botës,
larg njerëzisë,
më thonë:
Nomad, rri edhe pak!
Nuk mundem.
Akrepat nuk janë larg!
Fati është deveja ime!
Mbi kokë, natën,
Zoti më ndrin!
Liria më puth,
më qesh si lavire
mbështjellë,
me hirin e shkretëtirës.
Nomad!
Emri që zgjodha vetë.
Më i bukur
se çdo titull.
I imi.
Vërtet.

28 mars 2012

Heshtje

Heshtja
kurthe thur
për fjalët
e pathëna.

Fshehur
diku mes dritës
përpëlitet.
Rruga
troket
hapat
e pashkelur.

Bota
tund kokën
në pohim
të asgëje.

Kush është?
Askush!
Ku ishte?
Kurrkund!

Dyert
ëndërrojnë
të hapen.

Mes: isha!
Jam!
Do jem!
Të jesh a të mos jesh!?
Ji!

Në heshtje.

18 prill 2012

Vetmi dimri

Gjethet bien nga degët,
ngadalë,
pa zhurmë.
Plepat e zhveshur nga gjelbërimi,
tunden lehtë nën rezonancën e erës.
Stolat bosh,
flenë pranë pemëve,
nën jorganin e gjetheve të verdha.
Shatërvanin duket sikur e mundon etja.
Rrallëherë,
ndonjë çift,
vjen të vizitojë parkun.
Era si fantazmë,
vallëzon mes pemëve.
Parku vajton,
nën kamxhikun e dimrit,
vetminë e tij,
me lot gjethesh të verdha.

Tiranë, dimër 1985

Rruga ime drejt teje

Rruga ime
udhëkryqe
humbje
harresa
vuajtje
gjak
dhimbje
ecje

Të gjitha kthesat
ndalesat
mëkatet
fajet
hapa në rrugën...
          ...drejt teje.

Tiranë, dhjetor 2001

Pema e verdhë

U zhvesh pem' e verdhë buzë rrugës,
trungu iu mardh e gjethet i ranë,
tani mbrëmjeve kur kaloj, e prek,
si për t'i thënë: jam këtu, prapë!

U mbushën rrugët me lotët e saj,
qarë për verën që shkoi në jug,
tani me erën që fryn përqark,
i dëgjohen psherëtimat në trung.

Çdo mëngjes mblidh lotët e natës,
me vesën pikojnë e i lagin në trup,
dielli e prek me kujtimin e vapës,
të bukur, të zhveshur, si vajzë pa turp.

Saint Louis, 9 nëntor 2013

Mall

Era psherëtin e ftohtë.
Dimri vajton përgjumësh.
Pres,
por ti s'do vish!
Tej xhamave shoh pemët.
Rruga mes tyre,
(aneks i bulevardit),
më shtyp në gjoks me zbrazëtinë e saj.
Mbështes kokën mbi qelq,
mendohem.
Mendohem?!
Për çfarë?
E për kë tjetër veç teje?
Ti je larg,
qindra kilometra,
mbushur mërzi dhe mall.

Tiranë, 1985

Kujtesa

Vjeshta,
si një fjali e lodhur
            braktisi fjalët e verdha.
Era i lëvriu mbi asfalt.
Dimri i përbalti.
Pranverës i ngelën trungjet e mardhur
dhe premtimi i mendimeve të reja.

Elbasan, 1988

Zënkë në udhëtim

Rrugë.
Pluhur.
Fjalë.

Qetësi,
Erë benzine.
Më fal!

Bishnicë - Pogradec, tetor 1987

Ode për zemrën time

Shkoj pranë detit
    t'i shoh bukurinë
Shkoj në kishë
    zotit t'i ndjej madhështinë
Rri natën zgjuar
    ëndrra të trishta mos shoh
Rri pranë teje
    dashuria zemrën të ma ngrohë.

19 nëntor 2001

Urim i dhimbshëm

Të dhashë gjithçka që kisha nga vetja,
ike m'i more si një ëndërr e vrarë,
desha dhe sot tek stoli të të prisja,
por tani një tjetër vendin tim ka marrë.

U ndeze si një flakëz e vogël qiriu,
ngrohe zemrën time, nga vetmia mardhur.
Ç'e do, veç një fjalë dritën tënde mpiu,
qava, jo për ty, por për veten i çartur.

Më thoshe çdo natë: kam frikë për ty,
me puthje ta ktheja: mos u bëj e marrë,
nën dritën e hënës veç një ishim të dy,
por ti ike si një lule nga dimri vrarë.

Harrove fjalët që thoshe me ëndje,
fshive gjithçka ëndërruam bashkë,
gjithçka mund të mohosh,
                    por jo veten tënde,
aq sa unë të desha,
                    një tjetër të dashtë!

Elbasan, qershor 1989

Pritje

Një...
Dy...
Mijëra...
Miliona yje numërova atë natë.
Të prisja.
Ti,
në dritare,
u bëre shoqe me hënën.
Unë,
mendime të errëta grisja.

1989

Përulje

Nën zhurmën e shiut,
ritëm mbi xham,
rri e heshtur
        dhe sheh natën.
Më puth, më puth,
më thua: të kam xhan!
E di, e dashur!
Tani e ka marrë ferra uratën!

Tiranë, 7 nëntor 2001

Në spital

Mbrëmje
Erë ilaçesh
Mërzitje
Qetësi

Qetësi
Gërhitje
Gjilpëra në infermieri.

Pogradec, nëntor 1987

Fshehur

Veç e veç hynë në park.
U tretën në errësirën blu.
Hëna atë natë s'kishte dalë.
I la të qetë, fshehur diku.

Tiranë, shtator 1987

Frikë

Ndoshta jam xheloz, e dashur,
por zemra më është thyer shpesh.
Gjithçka kam pasur
shpirtin ma ka plakur
ndaj të dua me xhelozi
dhe veç kur të shoh
zemra qesh.

13 nëntor 2001

Dashuritë e mia

Dashuritë e mia!
Ju zgjoi pafajësia;
të gjithave ju desha.
Ca më shumë juve,
që më sollët trishtim.
Mbetët mbi letër,
u shkritë në lot,
mbuluar me gjethe mbi stol,
brenda një akordi,
te krahët që qafojnë,
në gotën e verës,
mbi prehrin e nënës,
tek e para puthje...
Mijëra dashuritë e mia,
ju lashë viteve,
copa të prera fotografie.

Pogradec, 1984

Ike

Ike!
Një mbrëmje të bukur,
aktrove ikjen tënde.
Tani,
perëndimet tona janë fikur.
Me vete more një ëndërr zemre,
mbi buzë më le një puthje brenge,
në shpirt zjarrin e përligur.
Në natën time solle hënën;
s'ke frikë mos e puth,
sot që nuk je?
Endja jote më vrau këngën;
heshti në vargun ku ti e le.

Elbasan, 1989

A

Më iku një ëndërr, pas teje.
Mbeti diku, s'e gjej më dot.
Mpirë, prita të kthehesh.
Zemra qau, e tharë në lot.

Elbasan, 3 dhjetor 1988

Your happyness

The world will say that I am crazy
But, I just want to see you happy
I'll hold the tears to make it easy
So you can kiss another dream

And when the night shall fall on me
Its darkness will make me whole
In that void I'l hide and see
How you torture another soul.

18 nentor 2018

Wild cherries

Wait for me on the beach
I'll pick some wild cherries
while the old woman
looks at me strangely
Her dog too

Sit in the sandy bar
with people who talk of things
and read something new
about old sensations

Wait for me on the beach
I'll pick some more wild cherries
The cars passing by
forgetful of the smell of salt

The red and yellow
in a white bag
The colours of waiting by the sea

The rain

Is raining today
and I remembered driving
through the falling sky
My hand outside feeling the drops
My lips, inside, tasting your kiss
Now is raining
but I don't drive

Needles in the fog

My arm in the window
Reaching for the cool air
Stopping the car
In the fog of my senses
You drive
With a tingling sensation
Of hot
Of cold
Of needles poking my skin
Enlist a tin can
To hold my soul for a few hours
And then kick it somewhere
To be squoshed
By a passing car
That doesn't care of my needs

Driving through the streets
The same way you drive to my soul
Needles in my arm
Needles in my thoughts
In the fog

Just stay

Please hold my hand
Don't cry, just smile
Do not let go
Stay here for a while

The life is blooming with tears of sorrow
Remember, I might not be tomorrow

But, even so, do not forget
I'll be somewhere with no regret

So, hold my hand.
Don't cry, just smile
Please don't let go
Stay here for a while

Dreaming

Take me with you, my wondering dream
Please put my pain to rest, and smile
Fly me way to the white desert
Where I can bring life with fire

Hold my hand. Don't let me cry
Don't let me go wander alone
Because the night has no fire
And my warmth will soon be gone

Hold my head and help me sleep
My sweetest dream please let me keep!

www.ingramcontent.com/pod-product-compliance
Lightning Source LLC
LaVergne TN
LVHW030324070526
838199LV00069B/6556